ドルフィン・フリーダム
ウォリーとモリーのために

2018年9月14日　初版第1刷発行
作　ジョージ・ドルフィン
訳　おおおかクララ
発行者　Georgie Dolphin
Email: dolphinfreedomjapan@gmail.com

日本語出版に貢献していただいたビジン・チヒロさんに心から感謝いたします。

この作品の著者並びにイラストレーターとしての著作権はすべてジョージ・ドルフィンが保有し、1964年オーストラリア著作権法の規定により守られています。本書のコピー、スキャン、デジタル化などの無断複製や保存は、著作権法上の例外を除き禁じられています。本書を代行業者などの第三者に依頼してスキャンやデジタル化することはたとえ個人や家庭内の利用でも著作権法違反です。紙の端で手や指を傷つけるなど予想外の事故防止の為、保護者の方は書籍の取り扱いにご注意ください。

Dolphin Freedom for Wally and Molly
Copyrights ©2017 by Georgie Dolphin
Japanese edition made possible thanks to Bijin Chihiro. Japanese translation rights arranged with thanks to Kurara Ooka
The right of Georgie Dolphin to be identified as the author and illustrator of this work
has been asserted by her in accordance with the Copyright Acts of 1964 Australia.
All rights reserved. No part of this publication may be reproduced, stored in or introduced
into a retrieval system or transmitted, in any form, or by any means
(electronic, mechanical, photocopying, recording or otherwise)
without the prior written permission of the author.

そのとき サムは まだ ちっちゃな 男の子でした。
そう、 海で およぎまわる やせいの イルカの むれに はじめて であったのは
サムが まだ 4さいの ときです。
あの日 いらい サムは ずっと イルカことが 大すきです。

あの日、 サムは おとうさんと おかあさんと いっしょに ふねに のって、
海へでました。 すると イルカの 大かぞくが やってきて、
ジャンプしたり もぐったり 水を ピシャッピシャッと はねたり
ボートの なみで あそんだり しはじめたのです。

いっぴきの イルカが サムの すぐとなりに やってきて ジャンプしたもんだから
サムは びっくりして じっと イルカを 見つめました。
そして そのイルカを 「やせいの イルカの ウォリー」と 名づけました。

おとうさんと おかあさんは、 サムが どんなに イルカを すきか しっていたので、 5さいの たんじょうびに、 ワクワクしながら サムを マリンパークへ つれていってくれました。 イルカショーの せきに ついた 3人(にん)は コンクリートのプールで およいでいた 20ぴきの イルカたちを 見(み)ました。

イルカショーで 人気(にんき)ものの 「マリンパークの イルカの モリー」は、 ボールを はなで つついて とばしたり、 ジャンプして わを くぐったりして、 イルカの なかまたちと いっしょに げいを しなければ なりませんでした。 やがて げいは だんだん はげしくなり、 モリーと イルカの なかまたちは トレーナー(イルカに げいを おしえる人(ひと))を はなで ついて 空(そら)たかく とばしました。

ショーが おわると、 サムは「マリンパークのイルカのモリー」に あいに
いきました。すると モリーは かなしそうな 目(め)を していました。 それは
わらっているようにも 見(み)えましたが、 イルカは にんげんのように
わらわないことを サムは しっていました。 イルカは 上手(じょうず)に さかなを
つかまえることが できるように わらったような かおを しているのです。

モリーも なかまのイルカたちも みんな ずっと プールに いました。
海(うみ)の おうちには かえれないのです。 イルカは ずっと マリンパークに
とじこめられているから かなしいのだと わかり、 サムは おとうさんと
おかあさんに そのことを はなしました。 海(うみ)でくらす ウォリーとくらべて
モリーのくらしは ひどく、 かわいそうだと おもったので、 おとうさんと
おかあさんと サムは、 モリーに 海(うみ)に かえすことを やくそくしました。

サムは　ウォリーと　モリーのことを　かんがえました。
やせいのイルカは　海(うみ)に　ふかく　もぐり、　さかなや　イカをとって　たべながら、
いつも　かぞくと　いっしょに、　まいにち　ながい　きょりを　およぎます。
いっぽう　モリーときたら　あさいプールに　とじこめられ、　ちいさな円(えん)を
ぐるぐる　えがきながら　およぐことしか　できません。　そして　こおった
さかなの　えさを　もらうために　げいを　しなければならないのです。

イルカは　にんげんのように、　かぞくで　たすけあい　かぞくを　とても
たいせつにする　生(い)きもの。　海(うみ)でくらす　イルカのウォリーは、　生(う)まれたときから
かぞくと　いっしょ。　いっぽう　海(うみ)で　おかあさんと　ひきはなされた　モリーは、
おかあさんに　あいたくて　たまりません。　おかあさんも、　モリーに　とても
あいたいです。

つぎの日 サムは、海で つかまり かぞくと ばらばらにされ、マリンパークに
つれてこられ、せまい プールに とじこめられている イルカは、とても
かなしんでいることを ともだちの みんなに はなしました。おかあさんも、
モリーを 海に かえしてあげようと あちこちに てがみを かきました。
かわいそうな イルカのはなしを しれば しるほど、もう だれも
マリンパークへは いかなくなりました。

サムの 6さいの たんじょうびが くるまえの ある日、モリーが テレビに
でていました。モリーのいた マリンパークが へいさ されたのです。
海の しぜんほごくに かいほう された マリンパークのイルカたちは、
もう えさのために げいを しなくても よくなりました。

「どのイルカも、かぞくと いっしょに じゆうに 海で 生きることが 1ばん
しあわせ」そうおもっていた おとうさんと おかあさんと サムは、うれしくて
うれしくて とび上がりました。

そのあと モリーと なかまのイルカたちは みんな 大きな海へ かえされました。
これからは 海で じゆうに およぎまわれるのです。
そう。 「やせいの イルカの ウォリー」のように。

あたらしい 海の おうちで、 モリーは はじめて 赤ちゃんを うみました。
そして 赤ちゃんを ホープ（きぼう）と 名づけました。
ホープと いっしょに くらせて モリーは とても しあわせです。
かぞくと いっしょに 海で およぐことが うれしくて たまりません！
もう これからは ずっと 海で じゆうに くらせるのです！

どのイルカも　しぜんの中(なか)で　じゆうに　およいで
しあわせに　生(い)きるべきです
つかまえられて　とじこめられるなんて
かわいそう

イルカを しろう：

- イルカは、せかいで 1ばん かしこい どうぶつの ひとつです。

- イルカは、にんげんと おなじ ほにゅうるいです。水の中では いきが できません。

- イルカは、ふんきこう という あたまについている あなをつかって、水の上で こきゅう します。

- イルカは クリック音を 出して、ものから かえってくる音で、もののばしょや かたちや 大きさを しることが できます。これを エコーロケーションといいます。

- イルカは 水の中で とてもよく 音が きこえて、エンドウまめみたいな 小さなものまで その音から どこにあるか 見つけだすことが できます。

- おかあさんイルカは 赤ちゃんイルカを うんでから すうしゅうかん 赤ちゃんイルカに よりそい やすみなしで およぎます。赤ちゃんイルカには まだ じゅうぶんな しぼうが なく、うくことが できないからです。

イルカを もっと しろう：

- モリーのように 海(うみ)から マリンパークに つれてこられた イルカは、エコーロケーションを つかうことは ほとんどありません。 たとえ クリック音(おん)を 出(だ)しても プールのコンクリートの かべに はねかえるだけだからです。

- にんげんと ちがって イルカは いつも いしきしながら こきゅうを します。

- やせいイルカの おおくは、かたほうの目(め)を あけたまま ねむり、はんたいの のうを 休(やす)めます。 そして まいにち きそく正(ただ)しく ねむります。

- イルカは 左(ひだり)の目(め)と 右(みぎ)の目(め)が べつべつに うごいて、ひろい はんいで 見(み)ることが できます。

- イルカの 歯(は)は 上(うえ)と下(した)のアゴに それぞれ18本(ほん)から26本(ほん)も 生(は)えていますが、1日(にち)に 8キロから15キロのさかなを まるのみします。

ウォリーとモリーは いってるよ。
「どうか ぼくたちの 海での くらしを まもってね！」

- 地球の表面の およそ70パーセントは、水で おおれています。
- ものすごくたくさんの種類の生きものが、海で生活をしています。
世界1大きなシロナガスクジラも、そのうちの1つです。
- わたしたちは、海と海の生きものを まもらなければなりません。
- 地球上の生きものは おたがいに かんぺきに バランスをたもちながら
生きています。
- 海は、人間が ひつような さんその およそ半分を つくり出しています。
- 人間の生活をサポートする海を きれいに けんこうに たもつことは
とても大事です。
- イルカやくじら、サメや魚など あらゆる海洋生物が生きている海を けんこうに
することが、わたしたち 人間の けんこうのためにも ひつようです。
- 海の生きものや、人間のためにも、海からゴミを なくさなければ なりません。

あそびの じかん だよ！
アクティビティ１：いろぬり

これからは、あそびのじかん。

いろぬり、　まちがいさがし、　めいろに　てんつなぎ、いっぱい　あそべるよ。

さあ、やってみよう！

12ページを見ながら
モリーとモリーの赤ちゃんの
いろぬりをしてね
モリーの 赤ちゃんの 名まえは
なんだったかな？

アクティビティ２： まちがいさがし

右のえの 青いクジラは、 ウォリーとモリーの 海の おともだちだよ。
ＡとＢの えを くらべて、６つの ちがいを 見つけてね。

しってた・・・？

- シロナガスクジラは、ちきゅうで １ばん大きな どうぶつ。
  ながさ 30 メートルにも なるんだよ。
- シロナガスクジラの 舌は、１とうの ぞうさんと おなじ おもさだよ。
- シロナガスクジラの しんぞうは、じどうしゃ １だいと おなじ おもさだ。

アクティビティ3：
モリーの めいろ!

たすけて！

モリーが 赤(あか)ちゃんを さがしてる！

えんぴつや ゆびで めいろを たどってね。

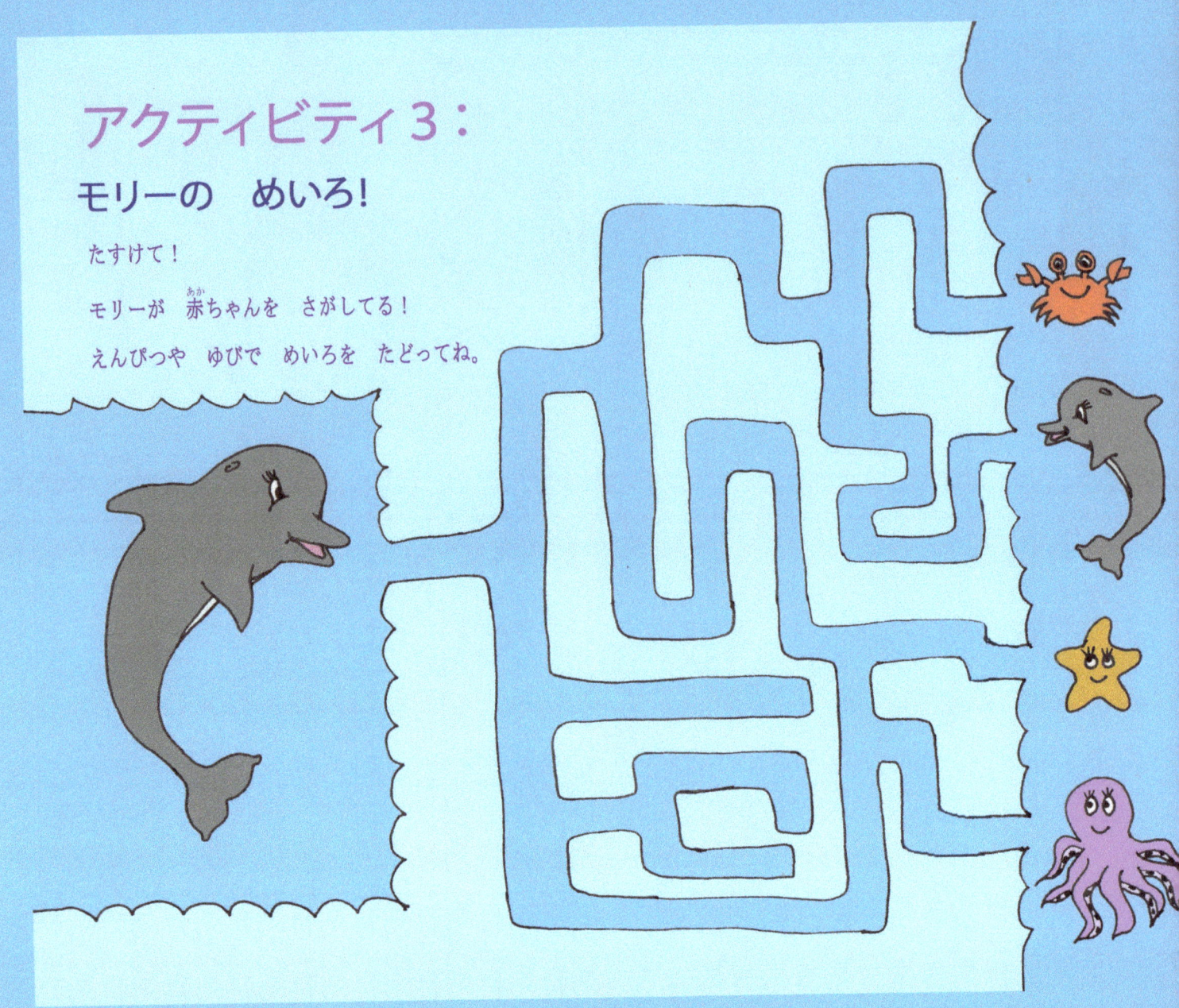

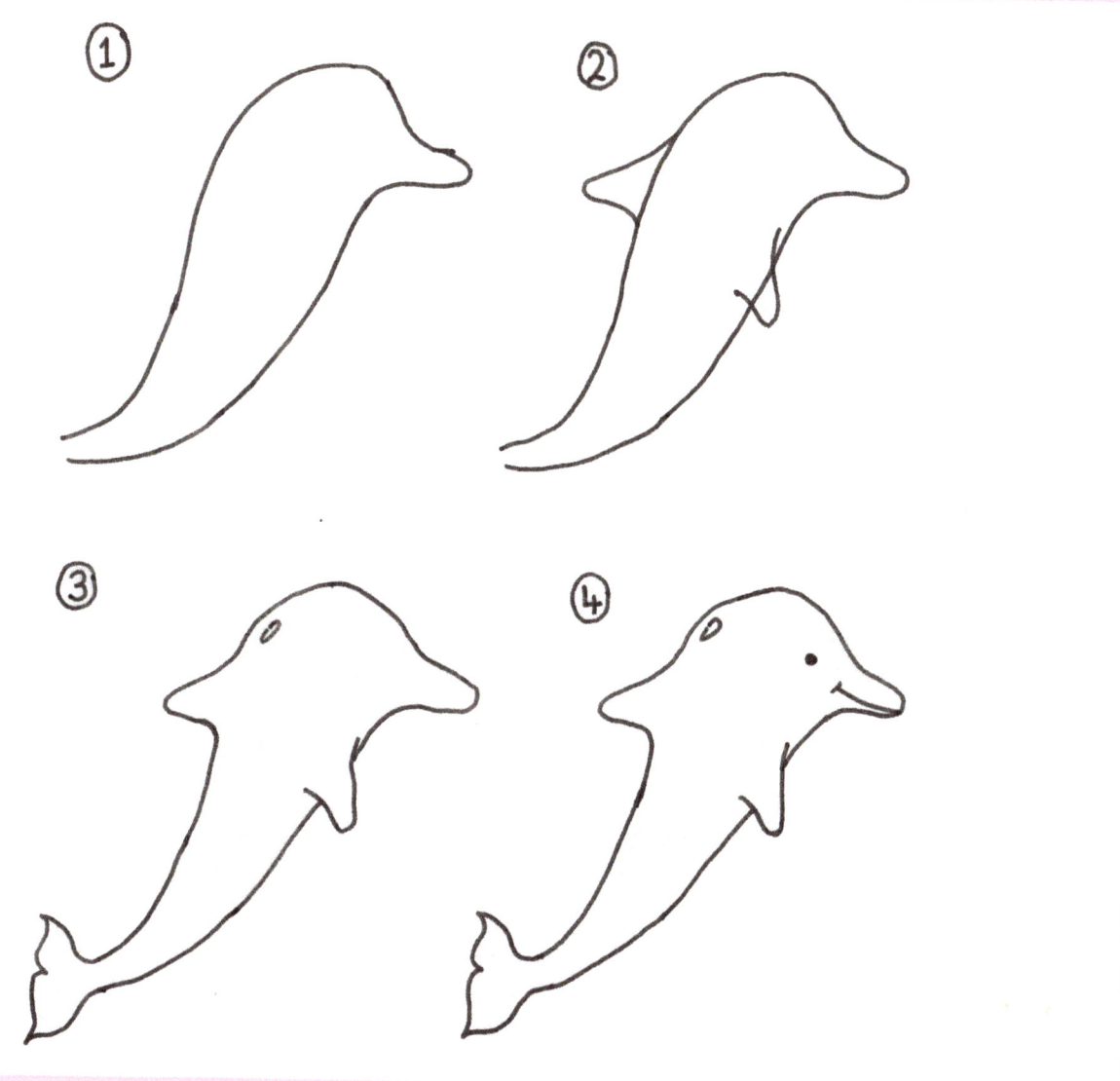

アクティビティ４：　イルカの　かきかた

アクティビティ5：
3D イルカを つくろう！
<small>スリーディ</small>

つぎのページの かたをつかって、しゃしんのような 3Dイルカを つくろう！

大人の人に 手つだってもらってね。

トレーシングペーパーと厚紙をつかって、型をなぞり、気をつけながら はさみで 線にそって切ってね。 それから 点線も切ってね。 点線の切れ目に しっぽと 水かきを 付けて、水かきは 下に折り曲げてね。 ほら、3Dイルカのできあがり

しっぽ

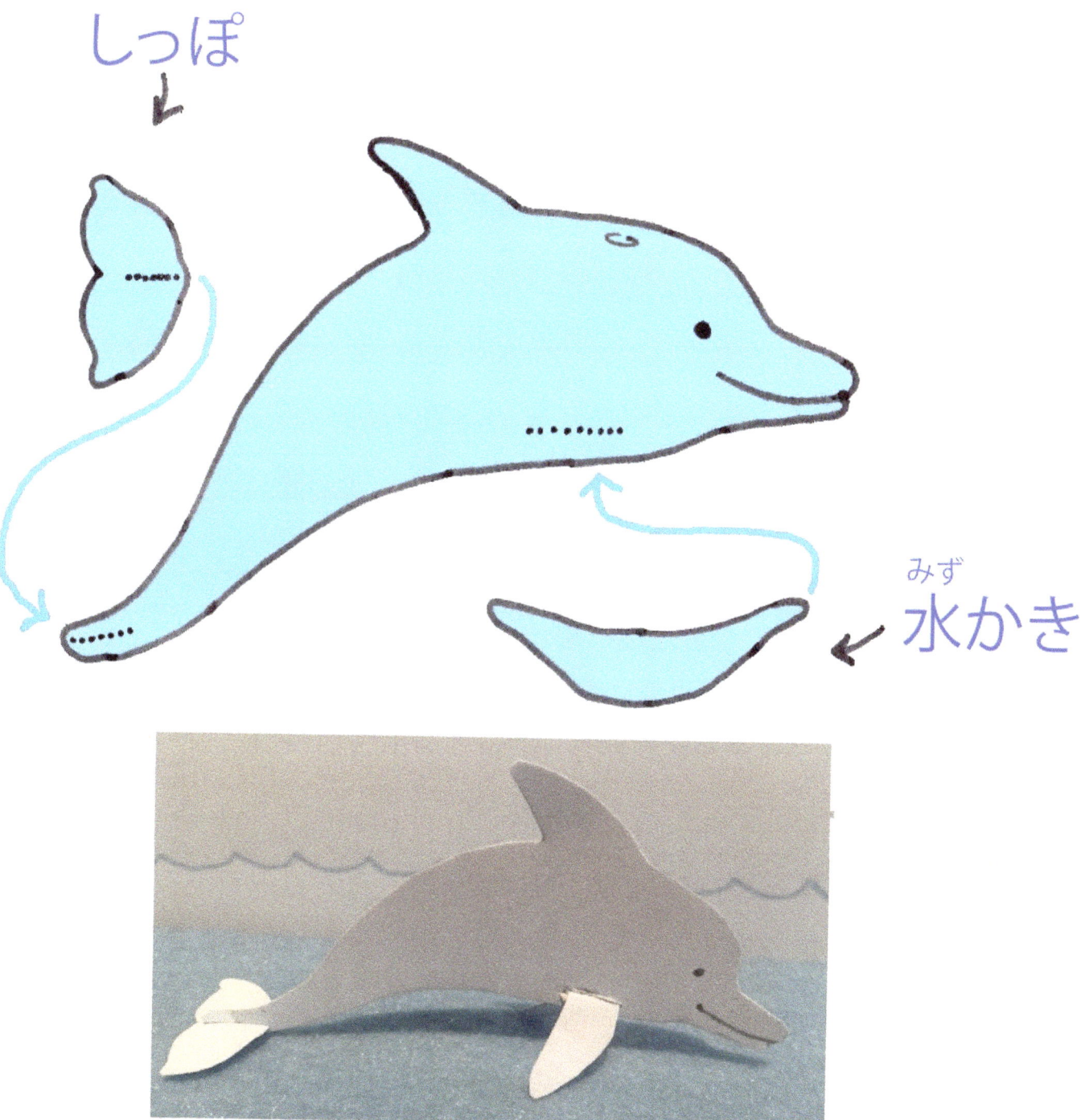

みず
水かき

アクティビティ６：てんを　つなごう

１から２５まで　ばんごうの　じゅんに　てんを　つなぐと　なにが　あらわれるかな？

しってた…？

- ホホジロザメは　おおきくなったら　６メートルにも　なるんだよ。
- イルカは　あたまについてる　あなで　こきゅう　するけど、
  サメは　エラアナで　こきゅう　するんだよ。
- みんな　サメをこわがるけど、じつは　にんげんを　おそったり　たべたり　することは、　めったに　ないんだよ。
- まいとし　ものすごくたくさんの　サメをつかまえている　にんげんのほうが　サメは　こわいんだ。　わたしたちは　サメを　まもってあげなきゃね。

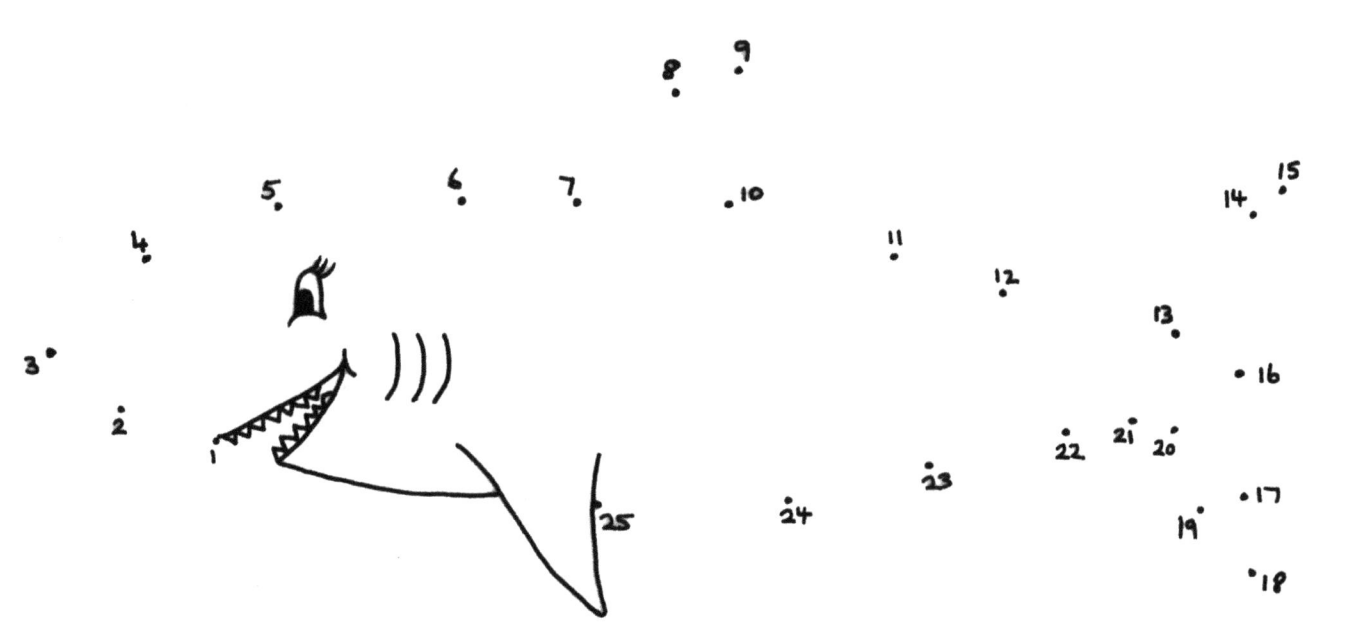

イルカを守るために できること

下の えの いろぬりをして だいじな イルカを たすけよう！
できたら、 大人の人に 下の 点線にそって切ってもらって、 日本の そうりだいじんに おくろうね。

〒100-8968 東京都千代田区永田町 1-6-1
内閣官房内閣広報室
内閣総理大臣　〇〇〇〇様
（ホームページ： www.kantei.go.jp）

わたしたちは日本の　こどもたちです
わたしたちは日本の　みらいです
わたしたちは
イルカのことが　だいすきです

どうか　イルカりょうを　やめてください
イルカを　海にかえして
自由に　させてあげてください！

ぬりえした人の名まえ：＿＿＿＿＿＿＿＿

とし：　　　　　＿＿＿＿＿＿＿＿

この本について

わたしの美しい娘
素晴らしい母親
そして
動物に対する共通の愛情から
インスピレーションをうけて、
この本を 仕上げました。

海からつれてこられた
世界中のイルカに捧げます。
イルカの自由を願いながら
平和的に唱えます。
未来を担う こどもたちに伝え
地球に もっと思いやりを
そして 共感溢れる 世界にしましょう。

イルカに　であうことを　ゆめみてる？
海(うみ)へいけば　あえるよ
せかい中(じゅう)の　海(うみ)で
イルカは　じゅうに　およぎまわっているんだ
イルカの　おうちが　ある　海(うみ)で
イルカは　海(うみ)の生(い)きものだよ

www.ingramcontent.com/pod-product-compliance
Lightning Source LLC
Chambersburg PA
CBHW042012020125
19786CB00022B/367